RÉFLEXIONS

D'UN SOLDAT A SES CAMARADES,

SUR LA

CHUTE DE BUONAPARTE.

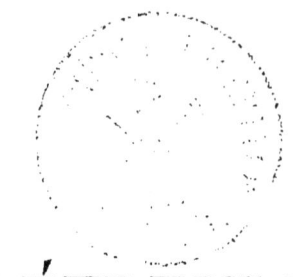

RÉFLEXIONS

D'UN SOLDAT A SES CAMARADES,

SUR LA

CHUTE DE BUONAPARTE

ET LE RÉTABLISSEMENT

DE

LA FAMILLE DES BOURBONS

SUR LE TRONE DE FRANCE.

Amor Regis et Patriæ.

PAR UN OFFICIER
DU 58ᵉ RÉGIMENT DE LIGNE.

~~~~~~

PARIS,

DE L'IMPRIMERIE DE J. G. DENTU,
Rue du Pont de Lodi, n° 3, près le Pont-Neuf.

1814.

RÉFLEXIONS

D'UN SOLDAT

SUR

LA CHUTE DE BUONAPARTE.

———

M<small>ES</small> C<small>AMARADES</small>,

Depuis quelques jours rassemblés dans le cantonnement qui nous a été assigné, nous discutions sur les évènemens qui se sont passés et sur la chute de cette espèce de colosse que nous avions élevé nous-mêmes, qui n'était fort que de notre faiblesse et qui eût fini par nous écraser et nous dévorer tous; nous parlions sans nous entendre, les avis étaient partagés : enfin, pour fixer notre opinion, nous sommes convenus de charger l'un de nous de faire un rapport sur ce qui s'est passé. Cette tâche m'a été dévolue ; je m'en suis occupé, j'ai lu les journaux, les actes du gouvernement provisoire, et réunissant tous ces matériaux à ce que je savais déjà, j'ai réfléchi, et voici le travail, résultat de mes observations, je vous le soumets : écoutez-moi dans le calme, et mettant de côté les passions, ne voyons que notre patrie ; si elle est sauvée, si elle échappe pour jamais à la tourmente révolutionnaire, à la tyrannie, à l'oppression, rendons grâces au destin et bénissons le retour de ceux qui nous feront jouir de ce bonheur qui fut pendant tant de siècles le partage de nos ancêtres.

Je n'irai point passer en revue les différens évènemens qui amenèrent la révolution du 18 brumaire an 8, j'aborderai de suite la question et j'entre en matière.

Ainsi que vous, mes camarades, la chute de *Buonaparte* m'avait d'abord étonné, je ne pouvais croire qu'il eût amené lui-même cette surprenante catastrophe ; je le voyais encore à travers ce prisme qui depuis long-temps fascinait mes yeux et les vôtres : la raison m'éclaire enfin :

> Le voile tombe, l'homme reste,
> Et le héros s'évanouit.

Quel était donc ce *Buonaparte* que l'on comparait à *Alexandre*, à *César*, à *Sylla*, à *Néron*, à *Cromwel*, à *Monk*, qui eut encore quelques traits de ressemblance avec *Marat*, *Robespierre* et consors ? Ce qu'il était ? un petit individu de cinq pieds un pouce environ, *vain*, *orgueilleux*, *cruel*, *sanguinaire*, *emporté*, *faux*, *astucieux*, *envieux*, *jaloux*, *fourbe*, un *Corse* enfin et rien de plus ! il eut tous les vices des hommes que je viens de citer et pas une de leurs vertus.

Il me semble, mes camarades, vous entendre me dire : comment pas une de leurs vertus ; au moins vous ne lui refuserez pas de grands talens militaires ? Je vous répondrai, en attendant les développemens, que son plus grand talent fut de commander à des Français, d'avoir sous ses ordres des généraux dignes d'être ses chefs, à qui l'amour de la patrie et la gloire du nom français faisaient accepter un rôle secondaire, lorsqu'ils pouvaient jouer le premier. Voilà quel fut le talent de *Buonaparte*. Ses premières campagnes d'Italie lui firent une grande réputation : je passe sous silence ce petit acte d'humanité qui lui fit mitrailler les sections de Paris. Je vous le répéterai encore, s'il acquit tant de gloire en Italie, il commandait des Français, il avait sous ses ordres des généraux qui, sans lui, remportèrent des victoires ; et que fit-il sans eux?...... rien. C'était d'eux qu'il recevait cet élan généreux qui électrisait nos soldats. Voyez *Augereau* sur le pont de Lodi, s'élançant à notre tête un drapeau à la main, *Buonaparte* le singe sur-le-champ pour s'approprier cette belle action ; vain espoir, malgré lui et la flatterie elle a toujours appartenu à *Augereau*. Elle se termina cette glorieuse campagne, il s'embarqua pour l'Egypte, il obtint des succès, grâces à notre valeur, et des revers ensuite, grâces à son aveugle imprévoyance et à son opiniâtreté. Les sables brûlans du désert furent pour les braves les avant-coureurs de la zone glaciale. Que fit-il alors? il fuit avec quelques individus, abandonne son armée, la laisse sous les ordres de *Kleber*, qui répare ses fautes, et dont il avait commandé, organisé l'assassinat. Il débarque à Fréjus, et ce petit ballon, gonflé d'un vent glorieux, toujours emprunté, poussé par quelques meneurs et par d'autres qui, éblouis de sa réputation, ne voyaient pas plus loin que leur nez; il effarouche les Cinq-Cents, qui se sauvent au bruit du pas de charge, qui devait au contraire doubler leur énergie, et *Buonaparte*, pâle, tremblant, ayant encore devant les yeux son compatriote Aréna, se trouve comme par enchantement à la place de cinq hommes qui ne s'entendaient pas, et qui lui léguèrent le soin de replonger la France dans un abîme de maux, dont le mois de mars 1814 l'a tirée pour jamais.

Premier consul, il feignit des vues bienfaisantes pour parvenir à ses fins; nous donnâmes tous dans le piége. La bataille de Marengo, dont le succès était dû à votre valeur et au noble dévoûment du brave *Desaix*, le couvrit encore d'une gloire qui ne lui appartenait pas exclusivement; il reparut dans la capitale, et l'aveugle adoration des Français lui fit connaître qu'il pouvait tout oser, tout entreprendre.

Nommé, *par ordre*, consul à vie, alors il enveloppa dans une conspiration le vainqueur du Danube et d'Hoenlinden, l'homme que l'on pouvait lui opposer avec avantage, et dont la gloire, sa vraie propriété, lui portait ombrage: Moreau paraît sur le banc réservé aux criminels; le Corse voulait le frapper, ses lauriers repoussèrent le poignard et devinrent son égide; cependant il lui fallait une victime : Pichegru fut abandonné aux muets, le fatal cordon termina ses jours, et son sang dont il s'abreuva, appaisa un peu la soif qui le dévorait.

Devenu *empereur*, sous un nom *baroque*, il voulut donner une teinte plus conforme à ses goûts, à la pourpre de son manteau : le sang du *Grand Condé* eut un appât extraordinaire pour lui; un rejeton de cette illustre race fut enlevé par ses ordres, à force ouverte, contre le droit des gens; de vaines formalités furent employées pour le faire périr, et le duc d'*Enghien,* condamné à être fusillé, la nuit, dans les fossés du château de Vincennes, marche au trépas avec cette tranquillité, ce calme qui n'appartiennent qu'à l'innocence, à la famille des Bourbons, et il montre à son assassin comment sait mourir le fils de tant de héros.

Ne vous attendez pas, mes camarades, que j'aille passer en revue tous les faits qui ont ignominieusement immortalisé le règne beaucoup trop long de *Buonaparte*, ce n'est point son histoire que je veux tracer, mais une esquisse faible et légère ; quelque peintre plus habile saisira ses pinceaux, et nous donnera en grand un tableau qui effraiera et le temps présent et la postérité. J'écris pour mes camarades, la plume d'un soldat est peu exercée, il connaît mieux sa baïonnette, sa giberne, son fusil, que les fleurs de réthorique. Je continue.

La double conquête de l'Autriche et de la Prusse, les victoires remportées sur cette nation, dont le jeune souverain vient de briser nos fers, persuadèrent au *Corse Buonaparte* que rien ne lui était impossible, il reportait tout à lui, il ne voyait dans les Français qu'un peuple de machines qu'il faisait mouvoir à son gré, et qui devait se croire trop heureux de mourir pour satisfaire sa sanguinaire passion. On le décora du nom de *Grand !* sa figure sombre et morose naissait de tous côtés sous le ciseau des artistes, le bronze, le marbre, la pierre aussi durs que son cœur, retraçaient sans cesse aux yeux ses traits sanguinaires ; on déifiait l'idole, et *par ordre* il fallait l'adorer ; le peuple français, courbé sous le poids de ses fers, exténué par la misère, décimé par la conscription, avait perdu le courage de se plaindre ; tous les bras étaient enlevés à l'industrie, à l'agriculture, aux commerce, aux arts ; la jeunesse, sans force et sans expérience, ravie annuellement à l'amour paternel pour être conduite à la mort par les ordres de *Buonaparte,* dit *Napoléon premier* ou *le Grand;* les larmes coulaient ; tous les ans le héros, le grand homme se réjouissait de voir couler le sang de 300,000 conscrits, et cet horrible revenu avait plus de prix à ses yeux que les 1,500 millions qu'il puisait également dans la bourse des pères dont il assassinait impérialement les enfans. Que dites-vous, mes camarades, de *Napoléon le Grand*? Vous vous taisez ; j'ai donc conservé la parole : je continue encore ma narration.

Six rois de sa fabrique, sans parler des princes décorés du nom de *Napoléon*, couverts ainsi que lui, d'*abeilles*, dans lesquelles des yeux mieux exercés que les nôtres ne voyaient que des *sang-sues*, lui faisaient oublier son obscure origine et les moyens dont il s'était servi pour usurper ces états dont le gouvernement était confié à *Jérôme*, à *Joseph*, etc., etc.

L'Espagne sur-tout, arrachée par la crainte de la mort et la vue d'un poignard, à ses légitimes souverains, tels étaient les échelons dont se servait *Buonaparte* pour monter au faîte de la gloire. Les Bourbons ravis à l'amour des fiers Castillans; deux chefs de la religion, dont l'un déjà mort dans la captivité, et l'autre qui avait abandonné sa capitale pour sacrer un misérable *Corse*, languissait dans les prisons et prouvait la gratitude du reconnaissant *Buonaparte*. Uni à la vertu, à un sang illustre, à celui de ses rois, il devait, s'il avait eu une ame, faire un retour sur lui-même; il n'en devint que plus féroce!.... Alors il rêva cette dernière campagne de Russie; il montra la gloire à ses généraux, à ses soldats, il parlait à des Français; et à la voix d'un *Corse*, d'un étranger, d'un barbare, d'un tyran, 500,000 braves, dont le moindre était un héros, s'élancèrent sans réflexion, portèrent la guerre chez un peuple agricole, le forcèrent à incendier lui-même la chaumière qu'il tenait de ses aïeux. Revenus à eux-mêmes, les Français rougirent de leur fureur, le *Corse* seul s'en applaudit.

Bientôt l'âpreté du climat se fait sentir. L'imprévoyant *Buonaparte*, qualifié de l'*Homme du Destin*, voit cette armée si redoutable, formée de l'élite de la France, frappée, pour ainsi dire, par la tête de Méduse, et le souffle glacial de la Moscovie pétrifie les Français ! Le *Grand Napoléon* résiste : il ne lui manquait rien ; la rage qui consumait son cœur entretenait la chaleur de ce sang vénéneux qui coule dans ses veines ; il voit d'un œil sec et indifférent ces monceaux de cadavres, c'est un trône digne de lui, il éprouve encore une jouissance ! Hommes, chevaux, trésors, tout est perdu, tout !..... et le boureau seul nous reste !

Bravant la honte et le remords, il revient au milieu de ses esclaves, qu'il ose appeler ses peuples. Que va-t-il faire ? leur donner la paix, offerte tant de fois et toujours refusée ? Non, il leur apporte encore la guerre, la dévastation, le carnage, la mort ! Malheureux

Français, ce sont les seuls présens, les seuls bienfaits que vous pouviez attendre du *Grand Napoléon, de votre auguste empereur!*

Les devoirs d'époux, de père, si doux à remplir pour un homme, ne sont rien pour lui, il lui faut encore des soldats et de l'argent; il fait retentir le mot d'honneur aux oreilles d'un peuple qui en fut toujours l'esclave, même lorsqu'il est prononcé par un monstre, et les restes de cette immense population qui respire encore sur ce sol jadis si fortuné, s'ébranle et marche pour assouvir la féroce ambition du Corse *Buonaparte.* Ce sang si pur, si noble, va donc rougir les eaux de l'Elbe; et les forêts de la Bohême vont être le tombeau des Français! O destinée! malheureuse nation, quels forfaits avez-vous donc à expier? sont-ce les vôtres ou ceux de vos pères? ils sont donc bien grands! Hélas! non; vous n'avez rien à vous reprocher, votre seul crime est d'avoir placé à

votre tête un aventurier, d'obéir à.........
Buonaparte.

Quelques succès éphémères qui signalent l'ouverture de cette campagne, redoublent pour ainsi dire notre aveuglement, font espérer d'heureux résultats et la paix !!.... la paix !! bientôt les revers se succèdent avec rapidité. Le *héros* perd la tête ; il ne sait plus quel parti prendre, il marche au hasard, à droite, à gauche, il détruit le soir ce qu'il a fait le matin ; ses alliés, qu'il devait à la crainte, plaignant les Français, leur malheur, l'abandonnent. Toujours opiniâtre, il n'écoute personne : obligé de fuir, il laisse à la merci des événemens un roi qui fut assez crédule pour lui confier ses destins. Arrivé à Leipsick, sur le point d'être pris, il ne sait pas braver l'orage qu'il a conjuré, il se sauve ; mais comme il craint encore pour ses jours précieux et pour *son auguste personne,* il sacrifie ses soldats, leur ôte tout moyen, tout espoir de retraite, et ordonne de faire sauter le pont qui pouvait assurer le salut de son armée. Il entend les cris de ses soldats, leur désespoir, il les voit périr ou sous le fer de l'ennemi ou dans les eaux de l'Elbe ; il est sauvé, rien ne l'émeut ; peu lui importe, ce sont ses sujets, ils sont trop heureux de mourir pour lui !... L'on accuse un *caporal* de ce crime. Oui, c'était un *caporal;* et lorsque les bulletins firent mention de cet attentat de lèze-humanité, l'auteur de ce crime fut bien désigné. Monstre abominable, et tu respires encore ! O justice éternelle, vous n'existez donc plus ! il fuit comme un lâche, le *héros!* L'ennemi ne veut que frapper celui de l'humanité, et respectant nos soldats, honorant leur courage, les laisse se retirer sans les inquiéter. *Napoléon-le-Grand,* rendu à sa véritable grandeur, arrive sur les bords du Rhin, il veut faire quelques efforts; chefs et soldats, tout le monde commence à ouvrir les yeux, on cesse de voir le grand homme, le héros, on n'apperçoit plus que l'ambitieux; mais il paraît encore à la multitude l'homme de la patrie, et ces armes si terribles dans les mains des braves, contiennent, arrêtent un ennemi nombreux, enhardi par des succès soutenus. Le héros fuit encore et revient dans sa capitale; il veut tenter la fortune, il demande des hommes, de l'argent, il rassemble les députés de la nation; il devrait supplier, il ordonne; il devrait écouter, il impose silence; il entend le langage de la vérité, et traite de factieux ceux qui, n'écoutant que leur devoir, font briller à ses yeux le flambeau de cette vérité qu'il ne connut jamais; il adresse à ces hommes courageux un discours dont les expressions basses et triviales annoncent que le masque du soi-disant héros le gêne, et qu'il va tomber.

On reconnaît que tout le mal est son ouvrage, que tout ce qu'il a dit ou fait de bien lui fut soufflé par des hommes sages, prudens, dont il ne fut que l'écho ; il renvoie ces mandataires fidèles dans leurs foyers, en les menaçant de sa vengeance ; abusant encore de son pouvoir expirant, pour vexer les Français, épuiser leurs dernières ressources, il lève des soldats, des impôts, rend des décrets de mort, fait fermer les ateliers afin de forcer les ouvriers qui ne voudraient pas périr de faim, à prolonger leur malheureuse existence pour aller chercher la mort quelques lieues plus loin, et la trouver sous le feu ou la mitraille de l'ennemi. Il excite les habitans de Paris à s'armer, affiche devant eux la popularité, une fausse grandeur d'ame ; promet de les sauver du malheur qu'il a appelé sur eux, et qui ne devrait peser que sur lui ; il paraît, ayant à ses côtés l'innocence et la vertu, au milieu des chefs de cette garde nationale qu'il carresse, mais dont il voudrait voir couler le sang ; il dit que l'ennemi n'arrivera sur Paris, qu'en passant sur son corps, il part de nouveau, quitte Paris pour ne plus y reparaître, et va se mettre à la tête du reste de l'armée française, qu'il veut encore sacrifier à sa fureur. Les ennemis, après avoir envahi une partie de ce territoire, pompeusement décoré du titre d'Empire, et qui doit tous ses malheurs à ce nom qui flatte l'orgueil du *Corse ;* les ennemis s'avancent de tous côtés sur la capitale ; *Buonaparte* livre plusieurs combats sanglans ; nous abuse par des récits mensongers de victoires, peint à nos yeux les armées alliées comme désorganisées, en fuite et composées d'enfans qui ont à peine la force de soulever leurs armes, n'ayant ni artillerie, ni cavalerie, ni munitions ; et à chaque instant Paris était inondé d'une multitude de blessés, mourans d'inanition, obligés de demander l'aumône, *grâces à la prévoyance du grand Napoléon ,* qui, avant son départ, avait spolié toutes les caisses, enlevé toutes les richesses. Un dernier récit de combat nous annonce que les souverains alliés fuient en toute hâte ; et l'affreuse vérité se déroule enfin à nos regards : les talens du grand capitaine s'évanouissent, ce n'est plus que de la fumée; l'armée ennemie était en retraite, et 200,000 Russes, Bavarrois, Prussiens, Autrichiens sont aux portes de Paris : le canon gronde, une proclamation à la *Napoléon,* nous annonce qu'une faible colonne ennemie s'est avancée par la *route d'Allemagne ;* des phrases emphatiques disent que *Buonaparte* la suit avec une armée victorieuse ! *Je reste avec vous,* dit Joseph; quelle ressource pour vous, Parisiens, que ce roi qui a perdu ses états avec une armée qui eût dû lui en faire conquérir de nouveaux. Il restait avec nous ; et il était déjà bien loin, lorsque les Parisiens étonnés lisaient cette proclamation. Vingt-deux à vingt-trois mille hommes sortent de Paris, disputent le terrein pied à pied, à un ennemi dix fois plus nombreux, font des prodiges de valeur, étonnent leurs adversaires, qui reconnaissent les Français ; une partie de la garde nationale abandonne ses foyers pour voler au champ d'honneur ; que pouvait-elle faire de plus? On nous présentait l'ennemi comme un barbare qui voulait nous égorger.... Nous égorger ! et il venait nous arracher au bourreau de la France, au féroce étranger, à l'aventurier, au Corse avide de notre sang et de nos trésors.

Une capitulation honorable est signée par un maréchal d'Empire ; la reconnaissance de tous les Français est le plus beau fleuron qu'il puisse ajouter aux lauriers qui ombragent son front. Et que faisait pendant ce temps Napoléon-le-Grand? Il était venu à Charenton, delà il entendait la cannonade; s'avancera-t-il sur Paris? Non, il faudrait payer de sa personne; il n'était pas assez entouré. Que fera-t-il donc ? Il s'enfuit. Sans prévoyance dans les succès, il est sans fermeté, sans énergie dans les revers ; il veut négocier, le vainqueur refuse. Les troupes françaises évacuent Paris et ses environs, et les troupes alliées entrèrent, non comme des vainqueurs, mais comme des amis qui viennent sécher nos larmes et nous délivrer de l'oppression. L'empereur Alexandre et le roi de Prusse ne nous dictèrent point des lois ; ils virent en nous des enfans abandonnés ; il nous manquait un père : nous vous en servirons, dirent ces magnanimes souverains, en attendant le retour du vôtre, et ils ont tenu parole.

Une adresse du conseil municipal, composé de citoyens vertueux, tapisse les murs de la capitale ; c'est *Cicéron*, dénonçant à la postérité, aux siècles futurs, *Catilina* et *Verrès*; généreux mortels, votre sublime dévouement est au-dessus de mes faibles éloges. Vous en avez déjà reçu la récompense; vous avez sauvé la patrie, en éclairant les Français, en portant le premier coup au tyran. La saine partie du sénat restée calme à son poste, organise un gouvernement provisoire. Tous les Français se rallient autour de ces pères de la patrie; le nom de Louis XVIII, qui était dans tous les cœurs, s'élance de toutes les bouches; on se regarde, on s'interroge, on est étonné d'avoir été si long-temps sans songer à nos bons, à nos légitimes souverains. Les regards se tournent vers cette colonne, chef-d'œuvre de l'art, monument éternel et glorieux de la valeur de nos soldats; la statue placée sur le faîte la dépare, on la fait disparaître, le drapeau blanc et les lys la remplacent, purifient cette colonne, et nous renaissons au bonheur. Le sénat déclare la déchéance de Buonaparte, dit Napoléon, de toute sa famille, et des Napoléons venus et à venir ; alors on ose se prononcer, il existe un gouvernement! Le tyran rentre dans le néant de l'obscurité, la pensée n'est plus comprimée par la crainte d'entendre rouler sur leurs gonds, les portes des cachots de

Vincennes, on ne redoute plus ces fusillades nocturnes, doux bienfaits du clément *Buonaparte* : c'est à qui vouera à l'exécration ce bourreau des Français; et ce retour vres le bonheur se fait avec calme, avec tranquillité ; c'est une grande nation qui secoue ses fers avec magnanimité, et dédaigne de s'en plaindre : elle veut que sa conduite la rende digne de ceux dont elle attend le retour, de la présence des enfans de Saint-Louis et d'Henri IV.

Qu'était devenu le grand homme, l'immortel Napoléon ? Veut-il chercher à corriger la fortune, à braver le sort, à terminer par un coup d'éclat une carrière qui semblait ne devoir finir qu'avec gloire! Non. Sans génie, sans courage, n'ayant que l'instinct du mal, il ne s'offre aucune ressource à son imagination; il veut parlementer, placer sa couronne sur une autre tête. Ses généraux les plus fidèles, les plus braves, ne voient plus que le petit homme de cinq pieds un pouce ; il a perdu son audace; il balbutie, il implore, il demande grâce; ces guerriers qui ont rempli la terre de leur nom, dont la vertu est sans tache, comme le courage et la valeur sans exemple, les *Ney*, les *Oudinot*, les *Marmont*, les *Moncey*, les *Mortier*, les *Victor*, les *Berthier*, les *Macdonal*, et tant d'autres vétérans de la gloire, lui font sentir qu'il n'est plus rien, qu'il est à sa place; qu'il doit renoncer à une couronne qu'il ne peut plus porter, à un Empire qu'il ne sait pas gouverner, à un sceptre dont il ne peut plus supporter le poids; que ses soldats méconnaissent sa voix, qu'il est déchu de tout, et qu'il faut qu'il se retire dans l'île d'Elbe. Affectant alors une fausse grandeur, il abdique, parle encore du bonheur de la France, de sacrifices.... de sa vie qu'il donnerait.... sa vie.... Qu'avons-nous besoin de ta vie?... pourquoi es-tu né?... pourquoi as-tu vécu?... et il se décide à se retirer dans cette île, à devenir un *autre Robinson !!!* Que pensez-vous de ce grand homme ? Allons, mes camarades, répondez.... Et voilà l'être pour lequel nous nous sommes faits égorger, afin de lui conserver un titre qu'il ne méritait pas. *O pectora caeca !...* Et voilà celui pour lequel nous renoncions au bonheur d'être gouvernés par les Bourbons ! Ah, ce nom seul chasse toutes les idées noires, toutes les pensées sombres que faisait naître celui que j'abandonne à son malheureux sort. Je vais fixer maintenant votre attention sur des tableaux plus riants ; mon imagination va prendre une autre teinte. L'aurore d'un beau jour luit pour la France et lui annonce des siècles fortunés. La déchéance du tyran prononcée, le sénat doit remplir un grand acte de justice, rendre un hommage éclatant au malheur, aux vertus, à la famille des Bourbons, et surtout à celle du vertueux Louis XVI ; il doit laver la nation française de la souillure imprimée par la révolution, par l'abandon de ses Rois ; et par un acte authentique restituer le trône des lys à ceux qui vont leur donner un nouvel éclat. Louis XVIII est proclamé Roi de France; et bientôt arrive dans nos murs ce prince qui jadis, sous le nom du *Comte d'Artois,* faisait les charmes et les délices d'une Cour dont son frère était le chef auguste. Vingt ans de plus pèsent sur sa tête, et c'est toujours le même prince ; ses qualités aimables, ses vertus ont seulement acquis plus de maturité. Et comment vient-il retrouver les lares paternels? Est-ce accompagné de la vengeance, de la sombre défiance, entouré de farouches satellites, ou des suppôts d'une police inquisitoriale? Non. Il est seul, n'ayant pour cortège que l'amour et la bienveillance qu'il porte à son peuple, à ses enfans, aux français ; il les voit, de douces larmes coulent de ses yeux, il se jette dans leurs bras, les presse sur son cœur, ils sont dignes de leur bonheur; il va le leur prodiguer, les en faire jouir; le panache blanc, doux symbole de la candeur, de la loyauté de son ame et de celle de tous les Bourbons, brille sur toutes les têtes; et *Monsieur* recueille sur son passage les bénédictions et les témoignages de reconnaissance de tous ceux qui l'ont connu et de tous ceux qui n'avaient pas joui de ce bonheur, et qui savent l'apprécier. Après avoir rendu grâces à l'Eternel, il rentre dans ce palais, où les mânes de ses illustres parens tressaillent, où l'ombre du Grand Henri plane glorieusement : il sourit avec cette bonté qui n'appartenait qu'à lui seul, et qu'il a léguée à ses descendans, et tous les Français s'écrient : Voilà bien le petit-fils de ce bon roi. *Monsieur* est entouré de ses anciens serviteurs et des nouveaux. Il voit avec plaisir près de lui ces guerriers éclatans d'or et de décorations, digne prix de leur courage; ils seront l'appui du trône de mon frère , dit-il avec transport, ils ont porté la France à un degré de gloire qu'elle conservera. Il les chérissait avant de les avoir vu, il les aime encore bien davantage depuis qu'ils ont paru à ses côtés. Il ne leur fait point un crime de porter ces récompenses données par des mains impures : elles ont perdu cette tache , en passant dans d'aussi nobles mains. Ils les félicite : il veut se les attacher par les liens de l'amitié. Ils tiennent déjà à lui tous ces grands hommes, par l'amour, le respect ; ils sont fiers de servir sous des princes chez lesquels la gloire , le courage sont héréditaires , ainsi que les vertus, Ont-ils vécu sans gloire tous ces *Rois*, tous ces *Bourbons*, tous ces *dieux* que la France doit adorer ? Non, ils la connurent la gloire , cette vraie gloire digne de leur noble origine ; ils rendirent leurs peuples heureux. Quels exploits peuvent être comparés à ceux des *Bourbons ?* Quels trophées valent, pour un roi, l'amour de ses sujets? Et voilà ceux de Louis XVI, ceux qu'il a légués à sa postérité; qu'en pensez-vous, mes camarades? Vous vous taisez; ah oui, vous vous taisez; vos cœurs sont émus, vos yeux sont humides; qui fait couler ces larmes? je le sais; tout Français est sensible à la peinture des vertus; c'est le seul sentiment que font éprouver les Bourbons. S'ils font couler des larmes, elles sont de bonheur, d'amour et de reconnaissance. A-t-il vécu sans gloire, ce Roi que nous regrettons tous, ce *vertueux Louis XVI?* Non, ce fut un héros, et quel héros, grands dieux! Sous son règne ses soldats se couvrirent de gloire; le pavillon français flottait triomphant sur toutes les mers. *Destaing, Suffren, de Grasse, d'Orvilliers, Rochambeau, Bouillé, Duchaffault,* noms chers à la victoire, sortez de vos tombeaux, revenez auprès de ce trône, dont vous fûtes les plus fermes soutiens.

Vous affrontiez la mort pour votre souverain, pour *Louis XVI,* pour le plus grand et le meilleur des rois. Eh bien! il sut mourir pour ses sujets! Quel héroïsme! O mânes de mon roi! mânes sacrés, pardonnez si j'ai osé prononcer votre nom! Du séjour de paix où vous régnez, jetez un regard sur vos sujets, vous les verrez dignes du bonheur dont ils vont jouir. Déjà ce frère chéri, dont vous fûtes le père et le modèle, et qui suit vos traces, répare les injustices commises par la tyrannie et l'injustice ; il console la vertu opprimée, la rappelle près de lui ; le glaive de Thémis ne frappera plus qu'au nom de la loi, et non d'après le caprice d'un tyran sanguinaire. Si l'étendard des lys paraît au champ d'honneur, où la victoire lui fut toujours fidèle, ce ne sera plus que pour une cause avouée par l'équité. Que dis-je ! en paix avec l'univers, la France ne compte plus que des amis, comme son roi ne verra plus que des heureux et des enfans soumis et reconnaissans. L'agriculture renaîtra, le soc de la charrue, ne restera plus immobile, les enfans enlevés à leurs familles seront rendus à l'amour paternel. Le commerce, l'industrie, les arts, les sciences, tout reprendra une nouvelle activité : Astrée reparaîtra sur la terre. Prestiges de la fable, vous vous réalisez! C'est à Louis XVIII, à Monsieur, à leurs enfans, à cette princesse qui nous servira de mère, que nous devrons ce règne fortuné. Français, peuple privilégié, tombez aux genoux de vos souverains, des Bourbons, et de ceux qui vous les ont rendus! Eh! bien, mes camarades, que dites-vous? que pensez vous? Quelle différence entre ces Bourbons, qui ne respirent que pour votre bonheur, qui ne vous font entendre que des paroles de paix, qui reparaissent au milieu de vous comme s'ils avaient toujours vécu dans des lieux qu'ils n'eussent jamais dû quitter, et ce tyran soupçonneux toujours entouré d'une triple haie d'acier, qui, même au sein de ses plaisirs, portait l'empreinte de la férocité; qui s'élançait de la voiture qui le renfermait, comme un tigre qui passe d'une cage dans un autre repaire? qui sacrifiait à son humeur, à son impéritie, ses plus fidèles serviteurs, et les rendait responsables de la non exécution de ses plans vicieux? N'avons-nous pas vu cet émule de Vauban (1) exilé pour avoir fait son devoir ; il avait perdu ses places, ses dignités, mais l'honneur lui restait; et *Monsieur*, qui sait apprécier le mérite et va le trouver par-tout où il peut le rencontrer, lui a rendu ses emplois, dont il est si digne à tous égards, en l'honorant de sa confiance et de son estime ; et cet autre guerrier (2), qui long-temps languit dans une honteuse captivité, aussi recom-

---

(1) Le général Marescot.
(2) Le général Dupont.

mandable par ses talens militaires que par ses qualités personnelles ; c'est à lui qu'est confié le soin de réorganiser une armée, qui, sous Louis XVIII, acquérera de nouveaux droits à l'estime de tous les braves. O France ! O ma patrie ! quelle glorieuse destinée pour toi et pour tes enfans ! ô mes amis ! mes camarades ! comme moi, vous doutiez, comme moi, trompés, vous croyiez que celui qui était à votre tête était un grand homme, un souverain digne du premier trône du monde; quelle erreur était la nôtre ! que de ruisseaux de sang ont coulé avant que nos yeux fussent dessillés, avant que notre funeste aveuglement cessât, quel fantôme nous avait séduits. En vain quelques esprits inquiets, turbulens, voudraient nous faire entrevoir que l'auteur de tant de maux, de tant de désastres, a été trahi, abandonné : lui, trahi, abandonné ! et par qui ? quelles lois n'a-t-il pas violées ? quels traités ont été sacrés pour lui? quels pactes n'a-t-il pas brisés ? quelle famille n'a pas à lui redemander un père, un époux, un fils, un frère, un ami? quels trésors n'a-t-il pas épuisés? quel est le lieu de la terre où il puisse poser son pied sans fouler le cadavre ou les ossemens d'une de ses victimes ? et voilà l'homme qui fut notre idôle ! On viendra nous vanter ces masses de pierre qu'il a élevées ou fait réparer; était-ce l'amour des arts ou de l'humanité qui le faisait agir ? non, il ne voyait que lui; il voulait placer son nom et son effigie sur tous les murs, sur tous les édifices, pour s'illustrer, pour vivre dans la postérité. Ah ! pour acquérir cette immortalité, il faut savoir gagner les cœurs et régner par des bienfaits. Les *Bourbons, Henri IV, Louis XVI*, ne se recommandent point à notre mémoire par des monumens fastueux, mais ils vivent dans le souvenir de tous les Français, leur nom n'est point prononcé sans attendrissement, sans que l'on y ajoute le récit d'une bonne, et d'une belle action; et lui! lui, ah, je n'irai point prononcer ton nom après celui de ces bienfaiteurs de l'humanité : que vous dirai je de plus, mes amis, mes camarades ? Vous avez paru indécis, vous étiez encore éblouis par l'éclat d'une gloire qui, bien souvent, vous a coûté des larmes, que vous avez achetée qu'au prix de votre sang : que vous en reste-t-il maintenant ? qu'a fait pour vous, celui pour lequel vous paraissez conserver un attachement qu'il ne mérite pas? qu'a-t-il fait, rien. Il vous a avilis, dégradés ; si quelquefois il semblait partager vos peines, y prendre part, c'est que vous étiez nécessaires aux succès de son ambition, à l'exécution de ses projets : et quel en fut le résultat de ses projets, d'armer l'Europe entière; de faire égorger des peuples qui pouvaient vivre heureux et amis; de faire envahir la France, qui n'en a pas moins souffert, quoique les puissances alliées ne vinssent que pour y rétablir le bon ordre et lui rendre la paix. Ah, croyez-moi, l'homme qui fit tant de mal, ne peut jamais opérer de bien ; s'il devenait encore ce qu'il était, ce qu'il ne peut plus être, quelle rage ! quelle fureur ! comme il se baignerait dans le sang de ceux dont il croirait avoir à se plaindre : les proscriptions de Marius, de Sylla, des Triumvirs n'auraient été que des jeux d'enfans. Fiez-vous-en au caractère de celui qui ne mérite aucun de vos regrets : son origine, le lieu où il a pris naissance, tout vous dit que la vengeance est pour lui le plaisir des dieux. Oublions-le, laissons-le finir sa carrière dans l'obscurité; et nous, amis de la France, de ses légitimes souverains, rallions-nous, serrons-nous autour d'eux, et répétons en cœur : *Vivent les Bourbons ! vive Louis XVIII !*

FIN.

www.ingramcontent.com/pod-product-compliance
Lightning Source LLC
Chambersburg PA
CBHW060527050426
42451CB00009B/1193